JOSEPH STIGLITZ

Vida y teorías del nobel de Economía

Por Mouna Guidiri
En colaboración con Brigitte Feys
Traducido por Marta Sánchez Hidalgo

Economía y empresa — en50MINUTOS.es

LAS CLAVES PARA EL ÉXITO

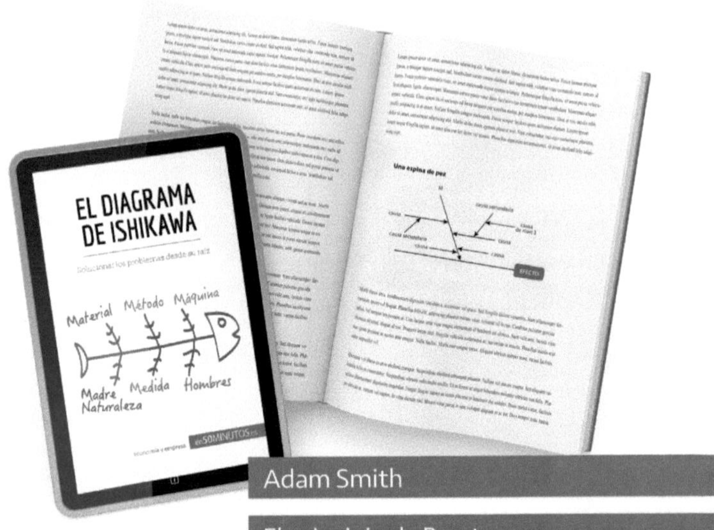

Adam Smith

El principio de Pareto

El estrés laboral

La pirámide de Maslow

www.en50minutos.es

JOSEPH STIGLITZ

- **¿Nacimiento?** El 9 de febrero de 1943 en Gary (Indiana, Estados Unidos).
- **¿Contexto y corriente?** Joseph Stiglitz es una de las personalidades más conocidas del nuevo keynesianismo o nueva economía keynesiana. También forma parte de los pioneros de la economía de la información.
- **¿Obras principales?**
  - *Principios de macroeconomía* (*Principles of Macroeconomics*), 1993.
  - *El malestar en la globalización* (*Globalization and its Discontents*), 2002.
  - *Los felices 90: la semilla de la destrucción* (*The Roaring Nineties: a New History of the World's Most Prosperous Decade*), 2003.
  - *Cómo hacer que funcione la globalización* (*Making Globalization Work*), 2006.
  - *Economics*, 2006, con Jean-Dominique Lafay (nacido en 1944) y Carl E- Walsh (nacido en 1949).
  - *Caída libre* (*Freefall: America, Free Markets, and the sinking of the World Economy*), 2010.
  - *El precio de la desigualdad* (*The Price of Inequality*), 2012.
- **¿Premios?** Recibe el Premio Nobel de Economía en 2001, junto con George Akerlof (nacido en 1940) y Michael Spence (nacido en 1943) por su contribución a la economía de la información.
- **¿Ideas clave?**
  - <u>Banco Mundial (BM)</u>: institución internacional que forma parte de las agencias especializadas de la ONU.

Su papel es aconsejar a los países en vías de desarrollo y concederles préstamos en el marco de la lucha global contra la pobreza.

- ◦ <u>Econometría</u>: rama de la economía que se basa en las estadísticas y en diferentes herramientas matemáticas para modelizar la realidad económica y los fenómenos relacionados (crecimiento, inflación, etc.).
- ◦ <u>Economía de la información</u>: rama de la economía que se basa en un estudio de la asimetría de la información en los mercados para estudiar su impacto en las decisiones económicas.
- ◦ <u>Fondo monetario internacional (FMI)</u>: institución internacional cuyo papel es asegurar la estabilidad financiera a nivel mundial y facilitar el comercio internacional.
- ◦ <u>Globalización</u> o mundialización.
- ◦ <u>Índice de desarrollo humano (IDH)</u>: indicador del desarrollo humano de cada país, completa el PIB por habitante (que no refleja el bienestar individual y colectivo) con la esperanza de vida, el nivel de educación y el nivel de vida.
- ◦ <u>Nuevo keynesianismo</u>: también llamado nueva economía keynesiana, esta corriente de pensamiento económico aparece en respuesta de la nueva economía clásica. Se inspira en el planteamiento de John M. Keynes (economista británico, 1883-1946) y completa su teoría con el análisis de los fundamentos microeconómicos de la macroeconomía, particularmente mediante la explicación de la rigidez de los precios por las imperfecciones relativas a la información. No hay que confundirlo con el neokeynesianismo.

> «El verdadero debate hoy en día gira en torno a encontrar el balance correcto entre el mercado y el gobierno. Ambos son necesarios» (Stiglitz citado por Altman 2006).

Stiglitz apela con regularidad a intensificar el diálogo entre el gobierno y los mercados, y más aún entre estos últimos y las familias. Como nuevo keynesiano empedernido, considera que las políticas de austeridad que los países establecen para paliar la crisis son a menudo ilógicas. En cuanto a las medidas que Estados Unidos emprendió, es intransigente y subraya su ineficacia, señalando principalmente las políticas de desregulación, el declive de la tributación progresiva y la reducción de la red de seguridad social (*El precio de la desigualdad*, 2012).

No es la primera vez que la voz de este Premio Nobel se levanta para denunciar las políticas de las grandes instituciones. De hecho, se le conoce por las acusaciones que ha dirigido al BM y al FMI, aunque haya ocupado el puesto de vicepresidente del BM durante cuatro años, lo que hace que sus comentarios sean todavía más desafiantes.

La ambición de este economista ecléctico, experto en econometría, en economía política y en economía del desarrollo, es matizar algunos modelos económicos que se utilizan sistemáticamente. También trabaja para la concretización de una verdadera democracia, fundada en un diálogo efectivo entre expertos y profanos, y principalmente en un acceso equitativo al saber.

SU VIDA: RETRATO DE UN PREMIO NOBEL COMPROMETIDO Y ALTERNATIVO

LA JUSTICIA: EL LEITMOTIV DE LA FAMILIA STIGLITZ

Originario de Gary, una ciudad industrial del estado de Indiana dominada por la clase media, Stiglitz adquiere pronto, gracias a sus padres, una fuerte sensibilidad sobre la justicia y la igualdad. Por un lado, Charlotte, su madre, es profesora en un colegio público donde la mayoría de los alumnos provienen de familias que viven en extrema pobreza. Por otro lado, Nathaniel, su padre, que es agente de seguros –lo que influirá en la obra de su hijo–, defiende con vigor las ideas del partido demócrata, entre ellas el derecho de los empleados domésticos pueda beneficiarse de la seguridad social.

UNA CARRERA UNIVERSITARIA BRILLANTE

A pesar de los resultados anecdóticos de un test de personalidad que le predestinó a ser rabino, Stiglitz opta por la universidad. Empieza su trayectoria académica en el *Amherst College* (una escuela de Massachusetts muy liberal) donde pasa tres años antes de que sus profesores, que ya notaban su gran capacidad analítica, lo orienten hacia el Instituto Tecnológico de Massachusetts (MIT por sus siglas en inglés). Allí participa en varios proyectos de investigación, particularmente al lado del profesor Hirofumi Izawa (economista japonés, 1928-2014), conocido por haber comenzado el campo de las matemáticas aplicadas a la economía y por haber establecido el modelo de la teoría del crecimiento en la corriente neoclásica.

A continuación, se suceden los éxitos de Stiglitz: se doctora en 1967 con apenas 24 años, se convierte en profesor en la universidad de Yale a los 27 años, luego se hace miembro de la Sociedad de Econometría (*Econometric Society*), base de esta disciplina, dos años más tarde. Asimismo trabaja como profesor en las universidades de Stanford, Oxford, Princeton e incluso de Nairobi. Calificar a su trayectoria académica de brillante sería un dulce eufemismo.

Entre sus puntos fuertes, su dominio de la herramienta de la econometría lo lleva a participar en numerosos debates sobre el análisis de problemáticas relacionadas con las políticas económicas en un periodo en el que se deja de lado la filosofía y la ideología en beneficio de las matemáticas. Por otro lado, sus intereses no se limitan a una sola rama: la economía política, la economía del desarrollo y, sobre todo, la economía de la información se benefician todas de las contribuciones de Stiglitz.

FUNDADOR DE LA ECONOMÍA DE LA INFORMACIÓN

Stiglitz colabora con Andrew Weiss (economista estadounidense, nacido en 1947) para criticar el modelo clásico del mercado del crédito que, según ellos, no tiene en cuenta la importancia de la asimetría de la información. Su artículo

«Credit Rationing in Markets with Imperfect Information» aparece en 1981.

UN TEÓRICO QUE TAMBIÉN ES UN POLÍTICO

A pesar de que Stiglitz destaque particularmente en el ámbito académico, preconiza desde siempre una conexión entre el ámbito universitario, los responsables políticos y los individuos. Su carrera no se limita al campo de los estudios: desempeña múltiples funciones políticas a lo largo de su vida. En 1993 se une al equipo del presidente Bill Clinton (demócrata, nacido en 1946) como consejero económico en el Consejo de Asesores Económicos y se le nombra dirigente de los consejeros en 1995.

¿QUÉ ES EL CONSEJO DE ASESORES ECONÓMICOS?

El Consejo de Asesores Económicos o *Council of*

Economic Advisers (CEA) en inglés, está formado por un grupo de economistas que orientan las decisiones de orden económico de la Casa Blanca. Se trata de un órgano de la oficina ejecutiva del presidente de Estados Unidos.

En 1997, Stiglitz abandona la administración Clinton para ser vicepresidente y economista en cabeza del Banco Mundial. Los cuatro años que pasa allí refuerzan su oposición a las políticas internacionales existentes, sobre todo en materia de desarrollo. No deja de expresar públicamente sus desilusiones ante el neoliberalismo, que guían de manera importante las decisiones y los proyectos del BM. *El malestar en la globalización* (2002), que tiene desde su publicación un gran éxito ante un público ecléctico, ofrece un resumen de todos sus cuestionamientos, entre los que nombra «el fanatismo del libre mercado apreciado por el FMI» y «el capitalismo de los compañeros». El primero hace referencia a la ceguera del FMI puesto que no considera otros modelos aparte del libre mercado como marco del comercio internacional y del desarrollo. En cuanto al capitalismo de los compañeros, muestra el compañerismo entre los representantes del gobierno por donde fluye un cierto favoritismo (igualmente designado por la expresión *crony capitalism*).

Cuando dimite de su cargo en el Banco Mundial en el 2000 vuelve al mundo universitario, en particular, al de la universidad de Columbia en Nueva York. Pero aunque el año 2001 presenta un giro en su carrera, marca ante todo el coronamiento de su trabajo sobre la asimetría de la información puesto que recibe el Premio Nobel de Economía con Michael Spence y George Akerlof.

NO HAY DEMOCRACIA SIN ACCESO A LA INFORMACIÓN

Stiglitz, actualmente profesor en la *Graduate School of Business* de la universidad de Columbia, redacta regularmente obras cuya particularidad reside en el estilo sencillo con el que consigue vulgarizar ciertas problemáticas económicas. De hecho, está convencido de que la prioridad para llegar a instaurar una democracia más sana es que todos los individuos –sean novicios o expertos en la materia– puedan comprender los fenómenos y decisiones que dan forma a la actualidad.

En el mismo orden de ideas, ha lanzado un grupo de reflexión sobre las políticas existentes en Estados Unidos: *Think Tank Initiative for a Policy Dialogue*, y la revista *The Economists' Voice* de la que es redactor jefe. De este modo intenta reducir la brecha entre la información que se expone principalmente en los artículos científicos de economía y los lectores, que no tienen por qué estar necesariamente formados para comprender toda la complejidad de los temas que se exponen.

SU OBRA: UNA APORTACIÓN CONSIDERABLE A LA ECONOMÍA

Los temas que abarcan las investigaciones, obras y artículos científicos de Joseph Stiglitz son numerosos y variados.

LA TEORÍA DE LA ASIMETRÍA DE LA INFORMACIÓN

Para este conocido economista, el flujo de información (su accesibilidad para todos los agentes del mercado) es uno de los criterios cruciales de la competencia perfecta, único contexto en el que se puede aplicar el famoso mecanismo de la mano invisible.

LA MANO INVISIBLE

La mano invisible, conceptualizada por Adam Smith (economista británico, 1723-1790), designa el mecanismo mediante el cual la búsqueda de cada individuo de su interés personal conduce a un bienestar colectivo. Esta metáfora da forma a una especie de fuerza natural que regularía los mercados.

Es decir, un intercambio solamente entra en este marco si las dos personas o entidades que lo realizan tienen acceso a la misma información. Según Stiglitz, y a pesar del hecho de que la corriente clásica y sus extensiones hayan considerado siempre la hipótesis de la eficiencia perfecta y por lo tanto orientado sus análisis en este sentido, esta visión teórica de las cosas no se comprueba en las situaciones de intercambio reales.

La asimetría de la información

La prueba por el racionamiento del crédito

En 1981, Joseph Stiglitz y Andrew Weiss desarrollan una argumentación crítica con respecto al flujo de información relativa a los bienes y servicios intercambiados en el mercado, donde consideran el mercado de crédito y, particularmente, su racionamiento (que implica una intervención estatal). En la base de su reflexión, una pregunta: si la perfección del mercado permite equilibrar la oferta y la demanda por el ajuste automático de los precios –en este caso por el tipo de interés–, ¿por qué existe el racionamiento?

Según los dos autores, la respuesta está del lado de la imperfección de la información obtenida por los bancos. A pesar de la existencia de archivos que contienen múltiples datos sobre los beneficiarios potenciales, sólo tienen un carácter indicativo sobre la capacidad efectiva de los clientes para reembolsar los préstamos concedidos. Antes de este desarrollo, Stiglitz establece las bases de los debates sobre la asimetría de la información mediante la redacción de un artículo sobre el *screening*, una técnica utilizada por la parte menos informada del intercambio para categorizar a la otra parte y proponerle la oferta más adaptada.

¿Una ganga o un cachivache?

Pongamos un ejemplo simple: el mercado de los coches de segunda mano, explotado sobre todo por Akerlof. En este mercado es difícil acceder a cierta información como el estado técnico del coche, el estilo de conducción del antiguo propietario, el número de accidentes que ha sufrido el coche, etc. El resultado es que para el comprador es imposible hacerse una idea clara del estado del producto. Como es incapaz de determinar si se trata de una ganga o de un cachivache, tiende a atribuirle un precio medio a todos los coches cuya consecuencia es, por un lado, desanimar a los vendedores de coches de buena calidad, expulsados del mercado, y, por otro, animar a los vendedores de coches de segunda mano, que tienen más sitio en el mercado.

Para utilizar la jerga adecuada, hablaremos de «selección adversa» o de «antiselección»: el resultado alcanzado se opone al que se pretendía en un principio.

Otra consecuencia de la asimetría de la información se observa particularmente en el ámbito de los seguros. Un cliente cuyo archivo muestra un cierto nivel de riesgo puede cambiar de comportamiento tras la firma del contrato de seguro: el cliente es susceptible de mostrarse más adverso al riesgo, lo que aumenta innegablemente los costes cubiertos por la agencia de seguros.

El salario eficiente

Stiglitz, al igual que se pregunta por la existencia del racionamiento en el mercado del crédito, se interesa por el paro. Con Carl Shapiro (economista estadounidense nacido en 1955) en el artículo «Equilibrium Unemployed as a Worker Discipline Device» (1984), subraya que la teoría de la asimetría de la información también permite explicar en parte el fenómeno del paro.

De esta forma, en el mercado del empleo, los CV, cartas de motivación y diplomas tienen la función de *screening* o de señal expedida por una parte. Sin embargo, como en el caso del crédito, la productividad del futuro empleado no se puede garantizar únicamente por esos documentos. Para paliar este problema y atraer a los empleados más competentes, el empleador puede decidir si fija el salario a un nivel superior al de la media del mercado. Es lo que Stiglitz llama el «salario de eficiencia». De esta forma, el empleado tiene interés en ser productivo para no arriesgarse al despido e, indirectamente, a recibir una remuneración inferior. Aunque el problema parezca resuelto en este nivel, observamos que, como todos los empleadores adoptan la misma estrategia, la demanda de trabajo (u oferta de trabajo) baja, lo que refuerza la problemática del paro. «El paro es la consecuencia de la estructura de la información en relación con el empleo» (Stiglitz y Shapiro 1984).

LA CORRIENTE DEL NUEVO KEYNESIANISMO

Postulados

Stiglitz, que se opone a la corriente neoclásica, resulta ser partidario de las ideas del conocido economista británico John M. Keynes. Según ellos, el mercado no puede autorregularse y siempre es deseable que se produzca una intervención del Estado, sobre todo en el periodo de reactivación económica.

No obstante, Stiglitz no comparte todos los postulados

del keynesianismo puesto que no retiene la idea de la información perfecta. Esta modificación es el eje principal de una nueva corriente, el nuevo keynesianismo, ideado por Keynes y completado por Stiglitz, y la de la economía de la información.

sentantes más influyentes son George Akerlof, Joseph Stiglitz, Olivier Blanchard (nacido en 1948) y Lawrence Summers (nacido en 1954). Sus ideas y modelos clave son la asimetría de la información, la selección adversa o el salario de eficiencia;
- **el postkeynesianismo** se centra estrictamente en los principios keynesianos. Piero Sraffa (1898-1983), Michal Kalecki (1899-1970) y Roy Forbes Harrod (1900-1978) figuran entre los postkeynesianos más conocidos.

La austeridad no es la solución

La posición stiglitziana sobre la crisis financiera se inscribe en la línea del nuevo keynesianismo, en particular cuando se trata de medidas que adoptar para remediarla. Menosprecia la austeridad generalizada con el argumento de que esta estrategia establece, en realidad, un círculo vicioso. Genera una disminución de gastos públicos que afecta a los salarios de los funcionarios y los costes relacionados con la infraestructura general (sanidad, educación, etc.), acarreando entonces una caída de la demanda de los particulares y las empresas, y así seguidamente.

Stiglitz preconiza, en su lugar, una reducción determinada de los impuestos y un aumento de los gastos públicos de forma equilibrada para impulsar la demanda y así estimular el sistema económico.

LA CRÍTICA STIGLITZIANA DEL BM Y DEL FMI

En *El malestar en la globalización*, que es probablemente su obra más consultada, Stiglitz resume todas las críticas que dirige a las grandes instituciones internacionales, en particular al Banco Mundial, donde desempeñó el cargo de vicepresidente durante cuatro años.

Una de los mayores reproches que formula contra ellos es la tendencia a precipitar sistemáticamente a los países en transición hacia economías capitalistas y de mercado, cuya consecuencia es agravar las crisis económicas y desencadenar rupturas de la sociedad puesto que los ricos se enriquecen más en detrimento de los más pobres. Para él, es indispensable asegurar una buena base institucional –que comprenda las reglas de la sociedad aceptadas por la mayoría–, antes incluso de pensar en concretizar cualquier modelo económico.

De esta forma en los ochenta el FMI lanzó, en numerosos países africanos, una ola de programas de ajustes estructurales cuyo único efecto fue el de empeorar la situación de la mayoría de ellos (refuerzo de las dictaduras, gran endeudamiento, etc.), desprovistos de instituciones sólidas y democráticas para supervisarlos.

PROGRAMA DE AJUSTE ESTRUCTURAL

Un programa de ajuste estructural es un conjunto de reformas económicas establecidas por el FMI o el Banco Mundial para ayudar a los países en crisis. A estas reformas les acompañan préstamos.

EL IDH PARA UNA MEDIDA ALTERNATIVA DE LA SALUD ECONÓMICA

Conceptualización

El debate sobre la medida del crecimiento y de la salud económica no nació ayer. Si algunos economistas califican a Stiglitz de economista «alternativo» es porque apela a tomar distancia en relación a múltiples modelos y herramientas económicas sistemáticamente aplicadas para explicar o resolver los problemas contemporáneos.

Su última contribución en este tema es el informe que le encargó Nicolas Sarkozy (político francés, nacido en 1955) en enero de 2008 con motivo del *World Economic Forum* en Davos (Suiza).

¿QUÉ ES EL WORLD ECONOMIC FORUM?

El World Economic Forum o Foro Económico Mundial tiene lugar anualmente en Davos, Suiza. Reúne a los responsables políticos y económicos, periodistas y otros intelectuales para debatir los problemas mundiales más urgentes.

La petición del presidente francés al economista consistía en evaluar la pertinencia de las herramientas utilizadas para medir el rendimiento económico, en particular las herramientas que se basan en el PIB, y a analizar la posibilidad de integrar el bienestar social en esta medida. Una Comisión sobre la medida del rendimiento económico y del progreso social se crea, presidida por Stiglitz y compuesta de otros 15 economistas de diversos orígenes e instituciones, como Amartya Sen (economista indio, nacido en 1933) y Jean-Paul Fitoussi (economista francés, nacido en 1942). El informe final, presentado el 14 de septiembre de 2009, desarrolla un concepto innovador: el Índice de Desarrollo Humano (IDH).

Particularidades

Como lo indica su nombre, este indicador alternativo de la

salud (que revela el rendimiento económico) de un país o de una región integra dos nuevas dimensiones:

- la sostenibilidad del desarrollo. Así, el índice no determina únicamente a las economías en base a su PIB, sino que exige que éste se genere mediante actividades sostenibles;
- el bienestar social. Además de ser sostenibles, estas actividades deben prever por igual medidas para mejorar la calidad de vida de los ciudadanos (por ejemplo: el acceso y la calidad de la educación y de la atención sanitaria).

El informe como tal sugiere construir un panel de control que agrupe los dos criterios en forma de subindicadores, además del más clásico del PIB.

REPERCUSIONES

LÍMITES Y CRÍTICAS DEL PLANTEAMIENTO DE STIGLITZ

Miembro turbulento por sus críticas públicas contra el FMI y el BM, Stiglitz suscitó rápidamente numerosas reacciones. Los límites de algunos de sus argumentos se han demostrado, ya estén relacionados con las políticas de desarrollo que propone o con su tendencia keynesiana más general.

La resignación stiglitziana

Jonathan Chait (nacido en 1972), antiguo editor de la revista *The American Prospect* y actualmente trabajador en el *New Republic*, atacó también la forma en la que Stiglitz despreciaba las políticas y decisiones del Banco Mundial. Le reprochó en particular su manera de exponer públicamente algunos de sus puntos de vista que había rechazado en las reuniones internas (Chait 2001).

¿Un economista vudú?

Sobre el contenido de sus discursos críticos, el estadounidense Kenneth Rogoff (profesor de política pública y de economía en Harvard y economista jefe del FMI de 2001 a 2003, nacido en 1953) le dirigió una carta abierta (en la página web del FMI) en 2002, después de la publicación de *El malestar en la globalización*. Rogoff afirma que Stiglitz es un académico, lo que afecta su visión de político. Además, critica su teoría relativa a la gestión de las crisis, que se parece a la de Arthur Laffer (economista liberal estadounidense, nacido en 1940).

Según Rogoff, pensar que reducir los impuestos y aumentar el déficit puede alentar a los empleados a trabajar para rescatar las arcas del Estado, atañe a una «economía vudú», expresión utilizada inicialmente por George H. W. Bush (político estadounidense, nacido en 1924) durante su campaña presidencial para describir las estrategias de su oponente, Ronald Reagan (político estadounidense, 1911-2004).

Rudiger Dornbusch (economista alemán y profesor en el MIT, 1942-2002) ha reforzado esta crítica porque afirma metafóricamente que si un ministro intentara aplicar los principios alternativos (que él llama «clínica de medicina alternativa») de Stiglitz en su país, habría tenido que volver pronto con urgencia al FMI (Loungani 2009).

EXTENSIONES

Paralelamente, algunos movimientos alternativos han retomado las observaciones de Stiglitz, que a su vez han sido defendidas por ilustres economistas.

El gurú de los altermundialistas

Es altermundialista toda persona contraria a la forma actual de la mundialización, que es neoliberal y descuida algunos segmentos de la sociedad y algunas dimensiones sociales además del medio ambiente, entre otras.

La corriente altermundialista está muy marcada e inspirada en el análisis stiglitziano de la mundialización, desarrollado principalmente en *El malestar en la globalización*. Las ideas de Stiglitz las retoma la Asociación por la Tasación de las Transacciones financieras y por la Acción Ciudadana (ATTAC) o los movimientos de los indignados, formados como consecuencia de la crisis económica del 2008 y que exponen el desacuerdo de los ciudadanos ante la clase política que se ha desentendido de la defensa de los derechos humanos. El economista ha acudido como invitado también a muchas ediciones del Foro Social Mundial.

¿QUÉ ES EL FORO SOCIAL MUNDIAL?

El Foro Social Mundial es un encuentro anual de activistas civiles y de organizaciones de ciudadanas cuyo objetivo es debatir los temas relacionados con la mundialización. Se organiza como oposición al Foro Económico Mundial que se celebra todos los años en Davos, Suiza.

No obstante, Stiglitz recuerda que aunque se oponga al capitalismo financiero, no preconiza por el contrario una destrucción del mercado. Según él, este sólo debe supervisarse para funcionar mejor. En su obra *Cómo hacer que funcione la mundialización* expone las bases de un programa de democratización de la mundialización.

EN RESUMEN

1943	Nacimiento de Joseph Stiglitz
1944-1945	Creación del FMI y del BM tras los acuerdos de Bretton Woods
1967	Stiglitz se convierte en doctor en economía
1981	«Credit Rationing in Market with Imperfect Information» con Andrew Weiss
1993	Consejero económico de Bill Clinton
1997-2000	Vicepresidente del BM
2001	Premio Nobel de economía con Spence y Akerlof
2002	*El malestar en la globalización*
2008-2009	Concepción del IDH

- Joseph E. Stiglitz es un economista cuya obra abarca múltiples ramas de la economía como la economía política, la economía del desarrollo y la econometría.
- Pertenece a la corriente del nuevo keynesianismo que se basa en los principios keynesianos porque integra, entre otras, la idea de la información imperfecta.
- Debido a su modelización de la asimetría de la información, establece las bases de la economía de la información, una nueva rama de la economía que estudia el impacto de la información en las decisiones económicas.
- Recibe el Premio Nobel de Economía en 2001, junto a

Michael Spence y George Akerlof.

- Es conocido por sus críticas públicas hacia las instituciones financieras internacionales (resumidas en su obra *El malestar en la globalización*). Considera que éstas no tienen suficientemente en cuenta las necesidades de los países en vías de desarrollo o en transición.
- Por otro lado, Stiglitz presidió la Comisión sobre la Medición del Rendimiento Económico y del progreso social encargada de conceptualizar el Índice de Desarrollo Humano (IDH).
- Finalmente, se dedica de lleno a la democratización del acceso a la información y a los análisis económicos relativos a la actualidad y a las polémicas contemporáneas. Para él, una verdadera democracia pasa por un diálogo efectivo entre expertos y ciudadanos.

PARA IR MÁS ALLÁ

FUENTES BIBLIOGRÁFICAS

- Altman, Daniel. 2006. "Managing Globalization: Questions & Answers With Joseph E. Stiglitz". *The International Herald Tribune*. 11 de octubre. Consultado el 17 de abril de 2015. http://economistsview.typepad.com/economistsview/2006/10/joseph_stiglitz.html
- Chait, Jonathan. 2001. "Shoeless Joe Stiglitz". *The American Prospect*. Diciembre. Consultado el 17 de abril de 2015. https://prospect.org/article/shoeless-joe-stiglitz
- Collectif Fair. 2011. "Le rapport Stiglitz vu par le Fair". *Alternatives économiques*. Marzo. Consultado el 17 de abril de 2015. http://www.alternatives-economiques.fr/le-rapport-stiglitz-vu-par-fair_fr_art_1071_52959.html
- Project Syndicate. 2006. "Comprendre la lutte contre la corruption par Joseph Stiglitz". Traducido por Magali Decèvre. *L'Economiste*. 30 de mayo de 2007. Consultado el 17 de abril de 2015. http://www.leconomiste.com/article/corrompre-la-lutte-contre-la-corruptionbrpar-joseph-stiglitz-prix-nobel-d-economie
- Loungani, Prakash. 2009. "Le Professeur du Peuple". *Finances & Développement*. Diciembre. Consultado el 17 de abril de 2015. http://www.imf.org/external/pubs/ft/fandd/fre/2009/12/pdf/people.pdf
- Pichon-Mamère, Françoise. "Stiglitz Joseph (1943-)". *Encyclopædia Universalis*. Consultado el 17 de abril de 2015. http://www.universalis.fr/encyclopedie/joseph-stiglitz/
- Rogoff, Kenneth. 2002. "An open Letter". *International*

- *Monetary Fund*. Julio. Consultado el 17 de abril de 2015. http://www.imf.org/external/np/vc/2002/070202.htm
- Stiglitz, Joseph. 2007. *El malestar en la globalización.* Madrid: Punto de lectura.
- Stiglitz, Joseph, Jean-Dominique Lafay y Carl Walsh. 2014. *Principes d'économie moderne.* Bruselas : De Boeck.
- Stiglitz, Joseph, Amartya Sen y Jean-Paul Fitoussi. 2009. "Rapport de la Commission sur la mesure des performances économiques et du progrès social". *Commission sur la mesure de la performance économique et du progrès social.* Consultado el 17 de abril de 2015. http://www.stiglitz-sen-fitoussi.fr/documents/rapport_francais.pdf
- Stiglitz, Joseph y Carl Shapiro. 1984. "Equilibrium Unemployment as a Worker Discipline Device". *The American Economic Review*, vol. 74, n.° 3.

PELÍCULAS Y DOCUMENTALES

- *Around the World With Joseph Stiglitz*. Dirigido por Jacques Sarasin. Francia: 2009. https://archive.org/details/AroundTheWorldWithJosephStiglitz
- "The Costs of Inequality", vídeo en Youtube, publicado por "TEDx Talks", 11 de marzo de 2013, https://www.youtube.com/watch?v=GYHT4zJsCdo